NOTICE HISTORIQUE

SUR LA VILLE

DE

BOURMONT,

Son ancienneté, sa constitution civile et religieuse, ses établissemens, ses chartes,

Par M. Groslin,

ANCIEN CURÉ DE LA VILLE DE BOURMONT.

Prix : un franc.

NEUFCHATEAU,

VICTOR DE MONGEOT, LIBRAIRE-ÉDITEUR.

BOURMONT,

DE MONGEOT JEUNE, LIBRAIRE.

1840.

BOURMONT.

NOTICE HISTORIQUE

SUR LA VILLE

DE

BOURMONT,

Son ancienneté, sa constitution civile et religieuse, ses établissemens, ses chartes,

Par M. Groslin,

ANCIEN CURÉ DE LA VILLE DE BOURMONT.

NEUFCHATEAU,
VICTOR DE MONGEOT, LIBRAIRE-ÉDITEUR,

BOURMONT,
DE MONGEOT JEUNE, LIBRAIRE.

1840.

E Bassigni-Barrois, dès sa plus ancienne constitu-
tion, renfermait cinq grandes chatellenies, dont
Bourmont, qui formait la principale, était au centre. Vers
l'an 1258 il y en fut ajouté une sixième, laquelle était
celle de Saint-Hilairemont, nommée ensuite La Mothe.
Cette sixième chatellenie fut réunie à la chatellenie de
Bourmont en l'année 1645, après la destruction de La
Mothe.

Très long-tems avant le sac de La Mothe, il y avait à
Bourmont tous les principaux établissemens religieux, civils, et militaires du pays.

Bourmont était, dans ces tems reculés, le siége du
doyenné des ville et chrétiennerie de Bourmont; ce doyenné était un des plus anciens du diocèse de Toul. Il y avait
un collége de prêtres séculiers établi dans l'ancienne église
du château : c'étaient les chapelains de Saint-Florentin.
Bourmont avait un gouverneur sous le nom de capitaine,

un sénéchal *(senex eques)*, lequel était un des premiers officiers du prince et juge souverain de tout le Bassigni.

Vers l'année 1351 le duc de Bar (Robert), ayant créé trois grands bailliages dans son duché, en établit un pour tout le Bassigni, et le fixa à Bourmont. Dès lors la sénéchaussée de Bourmont et La Mothe et les prévôtés des autres chatellenies du Bassigni ne furent plus que des justices de première instance, et ressortirent du bailliage de Bourmont.

Vers l'an 1541, le Barrois fut distingué en Barrois mouvant et Barrois non mouvant; le Bassigni subit le même sort : il fut distingué en Bassigni mouvant et en Bassigni non mouvant. Le cours de la Meuse servit de ligne de démarcation de cette différence. Bourmont, situé sur la rive orientale de cette rivière, conserva toujours son bailliage du Bassigni; mais ce siége devint à deux ressorts. Le bailli du Bassigni fut obligé d'avoir deux siéges ordinaires : l'un à Bourmont, l'autre à Saint-Thiébaut; mais les officiers du bailliage résidèrent toujours à Bourmont; comme on avait établi des siéges particuliers à Gondrecourt, à Lamarche et à Conflans-en-Bassigni, le bailli du Bassigni résidant à Bourmont, ou en son absence son lieutenant-général résidant aussi à Bourmont, allait de tems à autre, avec le procureur-général, dans ces trois siéges tenir les assises, juger toutes les affaires, tant par voie d'appel que par droit d'évocation des justices.

En l'année 1571 les trois états du Bassigni, le clergé,

la noblesse et le tiers-état furent assemblés à Bourmont afin de rédiger la coutume générale du Bassigni : on y travailla à cette rédaction, mais cette coutume ne fut définitivement arrêtée à La Mothe qu'en l'année 1580.

En l'année 1645 la forteresse de La Mothe fut démantelée et la ville démolie ; tous les établissemens religieux et civils furent transférés à Bourmont. Le chapitre de La Mothe, lequel d'abord s'était réuni à Pompierre, eut ordre de se rendre à Bourmont, et de se joindre aux chapelains de Saint Florentin ; ils obéirent, mais ils éprouvèrent mille difficultés pour se loger dans cette ville : le malheur occasionné par la guerre avait tellement ravagé Bourmont que les biens de l'église desservie par les chapelains de Saint-Florentin étaient envahis ; les chapelains n'étaient plus qu'au nombre d'un seul au lieu de cinq qu'ils devaient être ; la ville avait tant souffert de la guerre qu'il n'y avait presque plus de maisons habitables.

En l'année 1685 Louis xiv, maître de la Lorraine et du Barrois, créa des présidiaux dans les villes de Metz, Toul et Verdun. Toutes les affaires du Bassigni non mouvant ressortirent de Toul et de Metz ; Bourmont, siége du bailliage du Bassigni non mouvant, fut donc du ressort de ces deux villes ; mais cet état de choses ne dura pas long-tems. Louis xiv, en 1692, révoqua son arrêt de 1685 et rétablit à Bourmont tout le bailliage du Bassigni sur son ancien pied.

En 1685, Louis xiv fit reconnaître par trois commissaires de son conseil toutes les forêts des duchés de Bar et de Lorraine : il créa, en 1687, treize maîtrises particulières des eaux et forêts : celle de tout le Bassigni fut fixée à Bourmont, conformément à l'avis des commissaires.

Après le traité de Risvick, le duc Léopold rentra dans ses états ; il confirma tous les établissemens de Bourmont ; il en créa plusieurs pendant son règne, et de tous ces nouveaux établissemens, un fut toujours fixé à Bourmont. Il supprima tous les siéges particuliers du bailliage du Bassigni auxquels les circonstances des tems avaient donné lieu, en sorte que ce bailliage ne fut plus qu'un seul et même corps de juges, mais à double ressort, siégeant pour l'un, le Bassigni non mouvant, à Bourmont, et pour l'autre, le Bassigni mouvant, à Saint-Thiébaut. Ce fut à cette époque que le duc Léopold projeta de réunir Saint-Thiébaut à Bourmont. En conséquence, il fit bâtir sur la Meuse un pont de pierre afin de communiquer plus commodément d'une commune à l'autre ; ensuite il donna, en 1720, un édit, assura des priviléges à ceux qui voudraient bâtir dans le vide qui se trouvait entre le village de Saint-Thiébaut et Bourmont ; afin de tirer une rue plus droite entre les deux communes, on suivit un alignement autre que le chemin qui, de la rivière, menait à Bourmont. Ce chemin prenait depuis le pont, montait derrière les maisons du faubourg de France, à droite lorsqu'on vient de Saint-Thiébaut à Bourmont, et aboutissait à la place de la Grande-Loge, en faisant un angle obtus depuis la dernière maison de la rue du faubourg de France jusqu'à la Fontaine.

Le roi de Pologne Stanislas, duc de Lorraine et de Bar, fixa de même à Bourmont un de tous les grands établissemens qu'il fit dans ses états; il commencença à y établir la recette générale des finances de tout le Bassigni, une des plus considérables des deux duchés. Bourmont devint aussi la résidence du subdélégué général de tout ce pays.

En l'année 1747, ce prince ayant modelé sur le plan de Louis-le-Grand, les maîtrises des eaux et forêts auxquelles le duc Léopold avait substitué des gruries particulières, il établit celle de tout le Bassigny à Bourmont; cette maîtrise prit le nom de maîtrise de Bourmont, ainsi que la recette des domaines et bois du pays. Cette recette fut une des plus importantes de la Lorraine et du Barrois.

A cette époque Bourmont réunissait dans son enceinte tous les principaux établissemens du Bassigni.

En 1751, Sa Majesté le roi de Pologne, duc de Lorraine et de Bar, supprima tous les sièges de judicature en ses états; il créa une multitude de bailliages. Alors celui de Bourmont fut divisé en deux bailliages : un pour la partie mouvante du Bassigny; son siège fut fixé à Lamarche; l'autre pour la partie non mouvante; Bourmont en devint le chef-lieu. Cette nouvelle création ne dérangea en rien la fixation dans cette ville des autres établissemens, tels que la maîtrise et la recette.

Depuis ce tems il fut créé par le souverain, à Bourmont, un siége de municipalité et de police; cet établissement date de l'année 1771.

Les deux bailliages de Bourmont et de Lamarche renfermaient ensemble au moins cent vingt paroisses : ainsi Bourmont ayant, au milieu de tant d'établissemens et de suppressions successives, conservé sa maîtrise des eaux et forêts et sa recette, étendait sa juridiction sur ces deux importans objets dans une circonférence de cent vingt communes.

Le bailliage Bourmont était composé d'un bailli d'épée, d'un lieutenant civil et criminel, de deux conseillers, d'un procureur du roi, d'un greffier en chef, d'un lieutenant particulier, de deux huissiers audienciers, de quatre huissiers ordinaires, de quatre procureurs, de huit notaires, d'un conservateur des hypothèques, d'un curateur en titre, d'un commissaire aux saisies réelles, d'un receveur des consignations et d'un juré priseur.

La maîtrise des eaux et forêts avait un maître particulier, un lieutenant, un procureur du roi, un garde-marteau, un greffier en chef, deux huissiers audienciers, trois gardes à cheval et des forestiers royaux attachés au siége. Le siége municipal et de police était organisé d'un maire royal chef de police, de trois échevins, dont l'un était échevin trésorier, d'un procureur du roi, d'un greffier en chef, d'un huissier audiencier, d'un commissaire de police et de deux sergens de ville.

ÉTAT ECCLÉSIASTIQUE DE BOURMONT.

Puisque le doyenné de Bourmont est un des plus anciens doyennés du diocèse de Toul et que le chef-lieu de cette chrétienneté était Bourmont, il n'y a pas de doute que cette commune, ayant été convertie à la religion chrétienne dès le commencement du diocèse, elle a eu un pasteur dans les tems les plus reculés. Dès le treizième siècle, il y avait un curé en titre à Bourmont. Thiébaut, comte de Bar, ayant, au treizième siècle, accordé à sa collégiale de Saint-Hilairemont (La Mothe) le patronage de l'église de Bourmont, Gilo, évêque de Toul, afin de seconder les vues bienfaisantes du comte, donna en 1263 la cure de Bourmont au chapitre de Saint-Hilairemont, avec cette clause expresse : que, des revenus de cette cure il serait distrait une portion congrue pour l'entretien d'un vicaire desservant.

Le prêtre desservant la paroisse de Bourmont n'avait

que cette seule qualité. En l'année 1580, dans la convocation des trois états à La Mothe, afin de rédiger la coutume du Bassigny, messire Jean Guillemi, pasteur de Bourmont, signa *Jean Guillemi, vicaire perpétuel de Bourmont et de Gennaincourt.*

Lorsqu'après la démolition de La Mothe, le chapitre de cette ville fut transféré à Bourmont, le prévôt de cette collégiale jouit imperturbablement des priviléges et honneurs de curé primitif. Il officiait à l'église paroissiale aux trois grandes fêtes de l'année. Le jour de la fête de Dieu, la bourgeoisie de Bourmont étant sous les armes allait à l'église du chapitre chercher les chanoines et le prévôt, les conduisait par honneur à l'église paroissiale afin de faire la procession; le desservant de la ville y assistait sans marque distinctive.

Après la suppression du chapitre, arrivée en 1761, les dames de Poussey, sans doute plus curieuses d'hériter des biens du chapitre éteint que de réclamer les priviléges honorifiques de cette compagnie, conservèrent le droit de nomination à la cure de Bourmont, mais elles gardèrent le silence sur le droit de curé primitif. Depuis ce tems-là le pasteur de Bourmont prit le titre de curé.

La cure de Bourmont était à portion congrue; mais certains accessoires en augmentaient les revenus. Le curé jouissait d'un bouvret, et depuis que les fondations principales du chapitre étaient acquittées par le curé, après la suppression des chanoines, le curé percevait, pour l'acquit de ces charges , une somme que les dames de Poussey lui payaient.

Ces mêmes dames stipendiaient aussi le vicaire de la paroisse , de manière que ce prêtre secondaire n'était pas au compte du curé.

Quoique Bourmont fût de tems immémorial le chef-lieu de la chretienneté du pays , néanmoins la dignité ecclé-siastique de doyen rural n'était pas une prérogative es-sentiellement inhérente à la cure de Bourmont; cette place était élective; lorsque le doyen était mort, l'évêque diocésain envoyait à l'assemblée suffragante des curés de la chrétienneté un commissaire nommé par commission spéciale; celui-ci recueillait les voix et investissait, au nom de l'évêque, celui que la pluralité des suffrages avait désigné.

Les chapelains de Saint-Florentin formaient une société de prêtres attachés à l'église de Saint-Florentin : leur nombre était de dix; ces dix chapelains négligèrent l'admi-nistration de leurs biens tellement que le duc Charles iii réduisit leur nombre à cinq. En 1722 , il n'y en avait plus qu'un présent à Bourmont, encore était il chanoine , les autres ne résidant plus. Cette institution existait à Bourmont de tems immémorial : son église, très antique, occupait l'emplacement sur lequel est bâtie l'église d'au-jourd'hui, laquelle sert de paroisse. Il parait qu'avant l'érection du couvent de la Trinité, en 1707, un de ces chapelains enseignait la langue latine. Cette communauté de prêtres exista paisiblement jusqu'à l'époque où les guerres de la Lorraine, sous la fin du règne de Louis XIII et la minorité de Louis XIV, désolèrent le pays. Les malheurs que ces guerres enfantèrent dans les environs de Bourmont furent cause que ces chapelains se dispersèrent : leurs biens furent tellement perdus qu'ils ne purent plus subsister et continuer leurs offices canoniaux. Après le sac de La Mothe, lorsqu'on réunit la collégiale de cette dernière ville aux chapelains de Bourmont, ceux-ci n'étaient plus qu'au nombre d'un seul. Cependant le calme ayant fait cesser les maux de la Lorraine et la collégiale de La Mothe, réunie à ces chapelains, ayant réparé ses pertes, il est vraisemblable que le chapitre recouvra les biens de la dotation de Saint-Florentin, puisqu'avant la suppression des chanoines, les revenus de la communauté de Saint-Florentin faisaient une partie des richesses de la collégiale.

Les chanoines de La Mothe furent transférés à Bourmont après la démolition de cette forteresse. Comme les chapelains titulaires de Saint-Florentin tiraient les revenues de leurs chapelles sans se mettre en peine d'entretenir leur église, ne résidant pas à Bourmont, contre la nature de leur bénéfice qui exigeait résidence, les chanoines de la collégiale légalement établis à Bourmont se plaignirent au duc Léopold de la négligence de leurs confrères les chapelains, du scandale que leur non résidence causait à Bourmont ; S. A. R., touchée de ces plaintes, réunit à la collégiale établie à Bourmont les chapelles de Saint-Florentin ; par son arrêt de 1723 , rendu à Nancy le 15 décembre, le duc ordonne aux chanoines de se saisir de tous les titres, papiers, documens des chapelles de Saint-Florentin , de se mettre en possession de tous les biens de ces chapelles au fur et à mesure que les chapelains alors titulaires s'éteindraient.

Le chapitre de Bourmont était composé d'un prévôt , tirant double prébende , de dix chanoines auxquels Sa Majesté le roi de Pologne , duc de Lorraine, avait ajouté, par arrêt de son conseil du 9 mars 1753 , deux vicaires capitulaires pour l'entretien desquels il avait réuni à la collégiale les chapelles de Sainte-Catherine , de Ruppes, de Saint-Georges et Saint-Blaise , de Notre-Dame-des-Malades de Gondrecourt , de deux chantres et de quatre enfans de chœur.

Toutes les dignités de prévôt et de chanoines étaient à la nomination du souverain : les revenus de ce chapitre, outre les biens provenans des chapelles de Saint-Florentin, étaient assez considérables pour former à chaque chanoine une prébende de la valeur de quinze à dix-huit cents francs. Ces revenus étaient fondés sur des dîmes, des cens et des droits particuliers.

L'ancienne église desservie antérieurement par les chapelains de Saint-Florentin, et servant alors aux chanoines pour y faire l'office canonial, était dans un état de délabrement tel que les chanoines pouvaient à peine y faire

les fonctions saintes avec décence ; la négligence des chapelains et le malheur des tems avaient fait omettre les
réparations annuelles que tout édifice exige. Vers l'année
1754 les chanoines se résolurent à construire une autre
église plus vaste et plus commode que l'ancienne ; les
marchés furent faits. On bâtit sur l'emplacement de la
vieille. Le chapitre employa pour cette construction des
sommes considérables. Le prévôt d'alors orna avec ses
propres deniers le chœur d'un autel de marbre : des
stalles d'un bon goût furent placées et l'office divin se fit
avec majesté.

A peine le chapitre commençait, dans la nouvelle
église, à jouir du fruit de ses dépenses, qu'il fut contraint
d'abandonner et le canonicat et l'édifice qui lui avait tant
coûté.

Sa Majesté polonaise, le duc de Lorraine, voulant mettre
le chapitre noble des dames de Poussey dans un état d'ai-
sance et conforme à son illustration, considérant que les
revenus des chanoines de Bourmont étaient insuffisans
pour les entretenir dans la décence de leur dignité et les
charges qu'ils avaient à remplir (comme si quinze ou
dix-huit cents francs de rentes de ces tems, lesquels vau-
draient plus de deux mille francs d'aujourd'hui, n'étaient
pas assez pour des prêtres obligés uniquement à la célé-
bration de l'office canonial), supprima, en 1761, la collégiale de Bourmont, transféra aux dames de Poussey les
biens et les droits des chanoines, en assurant à ceux-ci

une pension viagère, que les dames de Poussey furent
tenues de payer jusqu'à l'extinction complète des titulaires
actuels. La nouvelle de cette suppression produisit dans
Bourmont une juste alarme; la ville sentit bien le dommage qu'elle allait souffrir de la perte d'un établissement
qui faisait circuler annuellement une somme de 2,500
livres, répandues dans son sein. Les corps municipal, ecclésiastique, noble, bourgeois rédigèrent une supplique
qu'ils adressèrent au roi de Pologne afin de détourner,
s'il était possible, le coup si redouté. Cette représentation,
signée de tous les individus composant les quatre ordres
de la ville, articulait les motifs de la plus excusable ré-
clamation. Tout fut inutile : la suppression eut son entière
exécution, les chanoines eurent ordre de cesser leurs offices;
un commissaire, délégué par les dames de Poussey, se
mit en possession de tout le mobilier de l'église, fit en-
lever les stalles du chœur, et le chapitre de Bourmont, créé
à La Mothe au treizième siècle, transféré à Bourmont,
confirmé dans cette ville en 1719 par un arrêt solennel,
cessa d'exister.

Le seul dédommagement que Bourmont retira de la
suppression de son chapitre, mais compensation bien fai-
ble, fut la possession de l'église des chanoines afin d'en
faire l'église paroissiale. De tems immémorial Bourmont
n'avait pour édifice du culte public et paroissial que la
chapelle sépulcrale placée hors de l'enceinte principale
de la ville. Ce vieux bâtiment, formant une espèce de

croix, par deux chapelles collatérales à l'instar des anciennes églises, ouvert dans sa nef par de petites fenêtres ou plutôt des lucarnes, était rempli de corps morts dont les tombeaux n'étaient couverts que par le pavé, sans sol intermédiaire; cet édifice, enterré dans sa partie antérieure et toujours d'une humidité insalubre, n'ayant ni tour, ni clocher, ni même de sacristie, contrastait horriblement avec la décence et la pompe qu'exigent les cérémonies religieuses : il ne pouvait plus contenir la totalité des paroissiens, dont le nombre s'augmentait chaque année. On songea à le rebâtir; le plan de sa reconstruction était tel que, pour l'agrandir, le portail devait s'avancer bien au delà du cimetière, et que, pour élever son niveau au dessus des terres, le pavé devait toucher le milieu de l'arc qui sépare le chœur actuel de la nef. Comme les dames de Poussey devaient contribuer aux frais de construction, puisqu'elles avaient les dîmes de Bourmont, elles offrirent de céder à la ville l'église du chapitre, dont elles avaient tout enlevé, excepté l'horloge qui était celui de La Mothe, et l'aigle de bois sur lequel on place le *missel*, meuble très ancien dont les chanoines de Saint-Hilairemont s'étaient servi. Leur proposition fut acceptée. Elles vendirent, presque pour rien, l'église d'en haut. La commune eût fait une bonne acquisition si cet édifice n'était pas continuellement tourmenté par les vents, s'il était plus vaste et situé au centre de la ville.

Le couvent des Trinitaires, placé sur la Grande-Loge, fut fondé en l'année 1707. L'auteur de cet établissement fut Erard Marchal, natif de Romain, chanoine à Bourmont; l'acte de fondation stipule que les religieux composant ce monastère aideront le curé de la paroisse dans les différentes opérations du saint ministère, qu'un de ces chanoines réguliers sera tenu d'enseigner les basses classes jusqu'à la seconde. Il donna la maison du collége, composée de plusieurs bâtimens, dans leur origine indépendans l'un de l'autre, comme il est facile de s'en convaincre encore aujourd'hui par la seule inspection de la disposition intérieure de l'édifice actuel. Cet établissement acquit différens biens : un gagnage à Brainville, mais avec la charge d'accorder une pension gratuite à un enfant de Brainville; une partie du moulin de Quiquengrogne, etc. En consultant les anciens registres de la paroisse, on voit que ces religieux exerçaient subsidiairement le saint ministère. Il ne paraît pas qu'ils se fussent astreints à la récitation commune de l'office canonial, mais, d'après le rapport des plus anciens de Bourmont, que j'ai autrefois consultés, les Trinitaires de Bourmont chantaient tous les jours les vêpres dans leur église, se plaçant, pour remplir cette fonction, dans le lutrin construit sur la tribune.

Le collége de Bourmont jouissait de la prérogative d'être un collége royal : un privilége dont il était en possession, au moins qui ne lui a jamais été contesté, c'était d'exempter de la milice ceux de ses élèves qui avaient l'âge et la taille requis pour subir le sort.

Les bâtimens du monastère de la Trinité de Bourmont ne furent pas toujours entretenus avec soin ; ils tombaient en ruine lorsque le père Le Molt vint occuper le principalat du collége. Ce religieux fit reconstruire la flèche du clocher, réparer l'église et le corps de logis, placer trois petites cloches dans le clocher, et remettre les terrasses dans un meilleur état.

Mais ces réparations, trop faibles n'auraient pas préservé la maison des suites d'un délabrement total occasionné surtout par le logement des prisonniers de guerre qu'on y renferma, si le principal d'aujourd'hui, qui heureusement pour la ville réunit au zèle et à la bonne volonté le goût et les connaissances, M. Mutel (1), n'avait reconstruit partie par partie tout l'ensemble des bâtimens. Sans son dévoûment, le seul établissement ancien qui avait survécu aux ruines de tous les autres, n'offrirait plus aujourd'hui que des décombres et un souvenir inutile.

A peu près en l'année 1684, dame Catherine de Lisle, veuve de M. Henry de Roncourt, fonda le couvent de religieuses Annonciades-célestes de la création de Victoire de Fornari, génoise. Madame de Lisle était riche, sans enfans, n'ayant pour héritiers que des collatéraux. Il paraît que cette dame, fuyant la peste qui désolait la Lorraine

---

(1) Aujourd'hui maire de Bourmont.

et voulant s'éloigner de Bourmont, qui, à cause de la proximité du grand étang, était un foyer spécial de la contagion, s'était retirée à Epinal. Dans cette ville, le couvent de l'Annonciade était déjà établi. Madame de Lisle admira l'ordre et la manière de vivre de cés religieuses; à son retour à Bourmont, elle travailla à établir un monastère d'Annonciades à l'instar de celui d'Epinal; elle lui donna sa maison, le corps actuel de logis du couvent, et lui laissa en dotation tous ses biens. Peu satisfaits d'une telle libéralité, qui leur paraissait excessive, ses héritiers attaquèrent la donation. Après quelques débats judiciaires, les deux parties en virent à un accommodement : les donataires et les héritiers de la fondatrice convinrent que les immeubles légués aux religieuses seraient partagés en deux parties, dont l'une serait mise à la disposition du couvent, et l'autre possédée, sans contestation ultérieure, par les héritiers. Cet établissement fut autorisé par le duc Charles iv le 31 août 1670, et Louis xiv le confirma en 1680, au mois d'avril. Des religieuses d'Epinal vinrent à Bourmont pour organiser la communauté naissante; le prévôt du chapitre les mit en clôture; des demoiselles des meilleures maisons de Bourmont entrèrent dans ce monastère, tellement qu'en l'année 1754 le couvent se trouva composé de 34 religieuses. Ces dames acquirent des terrains de différens particuliers, et firent un jardin séparé de celui qui est contigu à leur maison. Elles s'y rendaient par une voûte pratiquée sous le grand chemin qu'on appelle encore aujourd'hui *sous les murs*, parce qu'il longe l'ancien rempart du château. Lorsqu'on construisit les halles sur la grande place, ces religieuses consentirent à ce que celle de droite fût appuyée contre le mur de leur église, moyennant un petit terrain que la ville leur concéda, et avec lequel agrandirent leur jardin.

Autrefois il existait un hôpital à Bourmont : son emplacement était le terrain occupé aujourd'hui par les maisons du sieur Villemin, de la fille Pernelle et de Sablon. Cet établissement occupait donc l'espace entre la porte (auprès du sieur Barrouin) et la place devant l'église d'en bas, église paroissiale dans ces tems-là. Les biens qu'il possédait étaient situés à Graffigny, Malincourt et autres lieux. Une tradition, qui peut-être ne peut pas servir de base à l'histoire, mais qui néanmoins mérite attention, c'est que lors du dernier siége de La Mothe en 1645, l'ambulance de l'armée française était à Bourmont, et que les malades de l'armée, ou les blessés devant La Mothe étaient transportés à Bourmont : ce qu'il y a de certain, c'est que le sieur Villemin, en faisant construire une chambre contigue à son logis, trouva, en creusant les fondations, plusieurs cadavres placés à côté l'un de l'autre sans cercueil. Quoiqu'il en soit, quelque recherche que l'on ait pu faire afin de retrouver les titres des biens de l'hôpital, on n'a rien découvert : il est vraisemblable que les malheurs qui ont désolé le pays dans le dix-septième siècle, la guerre, les Suédois, la peste et la famine, ont donné lieu à bien des envahissemens et ont obscurci la tradition.

Dans le tems où cet hôpital existait, la rue de la Char-roâ était appelée la rue de l'Hôpital.

La congrégation des filles commença en 1731, M. Tournay étant curé de Bourmont. Beaucoup de demoiselles de la ville se firent inscrire dans cette association : elles chantaient les vêpres de la sainte Vierge et se plaçaient devant un des autels collatéraux. Cet établissement parut à plusieurs personnes propre à alimenter la piété et à maintenir les bonnes mœurs parmi les jeunes personnes du sexe; on seconda le zèle des congréganistes qui formèrent le hardi projet de faire bâtir une chapelle à l'église d'en bas afin de faire leur office d'une manière plus retirée et plus décente. Les travaux commencèrent aussitôt : toutes ces filles, animées d'un zèle ardent, ne crurent pas qu'il était au dessous d'elles d'aider les maçons en transportant les pierres et les autres matériaux, et en quêtant chez les propriétaires des échantillons nécessaires pour faire élever les murs de leur édifice. Il est vrai qu'elles furent aidées par plusieurs dames dont les noms, en abrégé, sont inscrits sur l'épitaphe qu'on lit dans la chapelle.

Jusqu'après le milieu du dix-huitième siècle, jusqu'à l'année 1769, les écoles primaires de la ville avaient été régies en commun pour l'un et l'autre sexe par un maître gagé : la même salle servait aux garçons et aux filles, lesquels suivaient les mêmes cours et recevaient les mêmes leçons. Une maison, située en face de l'ancienne paroisse, et aboutissant à la ruelle qui conduit au faubourg, avait été donnée pour y loger l'instituteur, seul chargé de la première éducation des enfans. Un prêtre de Bourmont, animé d'un zèle religieux et vraiment patriotique, M. Blanchelaine, pensant avec raison que les mœurs et la décence exigent que les écoles soient séparées et qu'il y a toujours de l'inconvénient, même pour la jeunesse, à ce que les enfans des deux sexes soient réunis et confondus dans un même local, fit don à la paroisse d'un corps de logis qu'il possédait dans la rue des Chanoines. En conséquence, on fit venir de Toul, où était l'établissement du noviciat des sœurs Voitelottes, deux maîtresses qui furent chargées d'instruire les petites filles et de porter aux malades pauvres les premiers secours. Afin de faire connaître publiquement la destination de l'édifice qu'elles devaient habiter, on plaça au dessus de la porte d'entrée un tableau représentant sainte Anne instruisant la sainte Vierge, avec cet écriteau : *Maison d'Ecole et de Charité.*

En l'année 1761, Sa Majesté polonaise avait légué aux pauvres de Bourmont une rente de 300 livres. Cette prestimonie servit à l'entretien des sœurs, avec l'obligation d'enseigner gratuitement les petites filles pauvres et de visiter les indigens lorsqu'ils étaient malades.

L'ermitage de la Belle-Fontaine fut fondé en l'année 1654. Cet établissement doit son origine à Jeanne et Anne Guillaume, d'Hâcourt. Ces deux personnes, sans doute vivement émues par l'affreux spectacle que les malheurs de la Lorraine offraient, et dégoûtées du monde où elles ne voyaient que des maux, ou peut-être (si la tradition du pays est véritable), frappées de la surprise générale qu'avait fait naître dans tous les esprits un événement singulier et qu'on regarda alors comme une espèce de miracle, je veux parler de la statue de la Sainte-Vierge qui, dit-on, fut trouvée dans le tronc d'un arbre au-dessus de la fontaine, résolurent de laisser à la postérité un monument de leur piété; elles choisirent le bas de la crête de la montagne de Bourmont, sur laquelle est un bois appelé dans ces tems-là le *Bois du Fays*, où coule une source d'eau très limpide, et y firent construire une chapelle dédiée à la sainte Vierge. On plaça dans cet établissement deux ermites de la congrégation de Saint-Antoine pour le garder, et l'ermitage, la fontaine ne furent plus appelés que la *Belle-Fontaine*. Il est incontestable que ce lieu fut renommé par la dévotion qui y attirait beaucoup de monde; il devint un pèlerinage très fréquenté : dans les tems de sécheresse ou de pluies trop continues, la paroisse de Bourmont et les villages circonvoisins se rendaient processionnellement à la Belle-Fontaine, afin d'obtenir la cessation de l'intempérie de l'air.

En l'année 1759 on érigea le Calvaire sur le Côna. Ce monument religieux, composé d'une base en escalier, surmonté d'un comble bâti en pierres brutes, dans le massif duquel étaient pratiquées plusieurs grottes, était terminé par une croix de bois; la grotte en face de la ville renfermait une statue de la Vierge, tenant sur ses genoux Jésus-Christ descendu de la croix. Cette statue, quoique taillée avec peu d'art, était néanmoins très ancienne; sa structure parait être du même style que la croix placée autrefois dans le jardin de la Monéle. Cette image de la Sainte-Vierge est aujourd'hui au pied de la croix, laquelle surmonte le calvaire moderne, mais l'inscription ancienne a disparu. Sans doute la soif brûlante de tout détruire, dans le règne de la révolution, l'a brisée ainsi que la croix de la Monéle, qui, ayant au moins cinq à six cents ans de vétusté, aurait dû être respectée. Dans l'église d'en bas existait depuis plusieurs siècles un monument religieux : il était bâti à côté de l'escalier par lequel on descend dans la nef Ce monument était un sépulcre en pierre dans lequel on voyait Jésus-Christ couché et de grandeur naturelle; autour du sépulcre étaient les statues de saintes femmes et de quelques disciples de l'homme de douleur. L'ouvrage n'était pas d'une sculpture parfaite, mais l'exécution en était passable. A l'époque de la mission qui eut lieu à Bourmont vers l'an 1750 ou 1751, le sépulcre fut transporté dans une espèce de chapelle sur l'emplacement de laquelle est aujourd'hui la maison du sieur Octobon, marchand. La croix de la mission fut plantée derrière cette maison. Le monument resta en place jusqu'au tems où l'on bâtit dans cet endroit. Elle fut plus tard renversée par un orage; on lui en substitua une autre de pierre qui, anciennement, avait été érigée devant le mur du cimetière de l'église d'en bas, vis à vis le portail ; mais lorsque le sépulcre fut démoli, la croix subit le même sort.

ANCIENNETÉ DE BOURMONT.

C'est en vain qu'à l'aide de la plus opiniâtre recherche on essaierait de fixer l'époque où Bourmont commença d'exister ; l'histoire du pays ne fournit aucun document sur l'érection du château et des bâtimens dont il était entouré. A travers les ténèbres des siècles anciens, on ne rencontre aucun point fixe et asssuré pour déterminer des époques : on n'a pas même des conjectures probables : il faut s'en tenir à de simples vraisemblances.

Si cette assertion est vraie, que Bourmont a été le chef-lieu du doyenné de ce nom et que cette chretienneté est une des plus anciennes du diocèse de Toul, saint Mansuy, l'apôtre du diocèse, ayant existé le plus tard au troisième ou au quatrième siècle, ce ne serait pas faire remonter trop haut le commencement de Bourmont, comme un endroit remarquable, en lui assignant le quatrième siècle comme époque de son origine. Je sais bien qu'afin de reculer son antiquité, on parle de certaines statues d'idoles trouvées dans des décombres aux environs de l'emplacement du château ; je sais bien aussi que, de mon tems, un particulier de la rue du Vivier, creusant dans sa cave, découvrit une autre statue en fer, laquelle était posée sur une pierre qui paraissait lui servir de pied d'estale ; j'accorde de même que les villages des environs de Bourmont sont d'une date très ancienne, comme la signification étimologique de leur nom le prouve; mais que peuvent pour débrouiller les ténébres de l'histoire des ressources aussi vagues? Abandonnons donc à l'obscurité des tems une incertitude que nous ne pouvons pas détruire. Quoiqu'il en soit, le château de Bourmont, les bâtimens adjacens appelés dans les plus vieux titres *la ville de Bourmont*, sont très anciens de même que l'édifice de l'église d'en bas.

Mais ici se présente une nouvelle difficulté. La maison en pierre de taille de M. Pelgrin est-elle l'ancien château, ou une dépendance du château? si cet édifice, assez remarquable par la solidité et l'élégance de sa constraction, n'est qu'un accessoire du château, comme bien des gens le croient, où est donc l'emplacement du château? comment, et en quel tems a-t-il cessé d'exister? autre embarras dont il n'est pas facile de se tirer.

Le château et la ville de Bourmont furent fortifiés dès le dixième siècle. Cette localité fut affranchie en l'année 1248. René, duc de Lorraine, ayant perdu perdu la bataille de Bulgnéville et étant prisonnier à Dijon, donna en otage, l'an 1432, le château de Bourmont afin de recouvrer sa liberté. De ces faits historiques avérés on peut tirer cette conséquence, que le château de Bourmont et la ville dont il était environné formaient un lieu assez important pour en faire une forteresse; que cet endroit méritait une considération particulière, puisque le souverain du pays l'avait engagé comme une caution de sa promesse, les princes n'ayant pas coutume d'exiger dans leurs traités et de donner en gage les places les plus chétives de leurs états.

En l'année 1322, dans une transaction entre Edouard, comte de Bar, et Ferri, duc de Lorraine, la tour de Bourmont était tenue comme fief par Edouard ; il s'engagea à en faire foi et hommage. Il est vraisemblable que cette tour était un des principaux ouvrages des fortifications de la ville.

La ville et le château de Bourmont étant limitrophes du duché de Lorraine, très rapprochés du comté de Champagne et de l'une et l'autre Bourgogne, Bruteon, archevêque de Cologne, ayant hérité des états de Lorraine, résolut de se mettre en sûreté du côté sa frontière : Il fit ceindre Bourmont de bons remparts et de fortes tours qui en flanquaient la circonférence. Voici à peu près le plan des ouvrages qui environnèrent la place : la porte principale, dite *Porte Notre-Dame*, laquelle ouvrait la rue qui traverse la ville, était placée vis à vis la maison de M. Lucot et celle du sieur Laumont; cette porte était défendue à droite par une grosse tour que l'on voit encore : de cette tour, le rempart passait derrière chez M. Gibrat, traversait les jardins de M. Parmentier, le derrière du couvent des Annonciades, la place de la ville, les jardins des sieurs Chrétiennot et Thouvenin, montait ensuite à celui de mademoiselle Gromand, passait dans celui des sœurs d'école, traversait la blanchisserie de M. Baudouin, descendait derrière le faubourg à gauche, et venait aboutir à l'endroit de la maison du sieur Laumont. La circonférence du rempart était flanquée de quarante-deux tours, et environnée d'un fossé qui avait 35 à 40 pieds de largeur; on en fit des jardins qui furent partagés entre les habitans.

La porte d'entrée, appelée *Porte Notre-Dame*, était fortifiée non-seulement par des tours, mais elle était munie d'un pont-levis qui en défendait les approches. Au devant de cette porte, sur la place de la Grande-Loge, était une esplanade qui était comme une place d'armes. Il serait téméraire de vouloir en établir et fixer le circuit; elle se terminait en forme de terrasse à droite, et à gauche, du côté de la fontaine, étaient placés les grands corps-de-garde. C'était sur cette place que les assemblées de la ville se tenaient.

On remarque avec effroi qu'après le sac de La Mothe, Bourmont était réduit à une telle calamité qu'il ne s'y comptait plus que quinze maisons, tant la guerre, la peste, la famine et les Vandales du dix-septième siècle, les Suédois, l'avaient dépeuplé. Au delà de la porte Notre-Dame, entre l'orient et le midi, on voyait le faubourg Notre-Dame : il se composait de deux rues, l'une qui s'avance du côté du midi, la rue du Vivier, l'autre qui aboutit à la vierge de la Charrouâ, la rue de l'Hôpital.

Il y avait en outre une espèce d'esplanade en face de l'é-
glise d'en bas, église paroissiale ; sur cette place, du côté
de la Trinité, s'élevait un gros bâtiment carré édifié en
pierres de taille : c'était là précisément ce qu'on appelait
la *Poterie*. Comme une grande partie des maisons de Bourmont était sans doute aux environs de l'église paroissiale,
il est vraisemblable que cette Poterie, ou plutôt *Porterie*,
était l'entrée pour aller au château. A l'extrémité de la
rue de l'Hôpital, la rue Notre-Dame, vis à vis la maison
de Barrouin, était une seconde porte fortifiée, qui ne fut
entièrement démolie que dans le dix-huitième siècle.

Après avoir fait la description topographique de l'ancien Bourmont, autant du moins que l'obscurité de ces
tems reculés le permet, je vais donner une idée de l'existence civile et politique de ses habitans depuis l'époque
où le château et la ville furent fortifiés.

Il est plus que vraisemblable qu'avant la charte d'af-
franchissement accordée au treizième siècle, les bourgeois
et manans de Bourmont vivaient sous le joug d'une espèce de féodalité. L'existence civile et politique des bourgeois ne commence à être bien connue que depuis que
Thiébaut, comte de Bar, les eût affranchis. On croit
qu'avant le onzième siècle une branche cadette des com-
tes de Bar résidait au château de Bourmont : c'était la
maison de ce nom. Hugues de Bourmont et Pierre de
Bourmont appartenaient à cette famille. Cette dynastie
collatérale de la maison de Bar s'éteignit dans la personne

de Pierre de Bourmont, ecclésiastique et premier prevôt du chapitre de La Mothe.

La seule subvention que les bourgeois payaient au prince était le droit *d'echief*; ils étaient aussi obligés à différens services militaires. Lorsqu'une des chatellenies du Bassigni, soit Gondrecourt, Lamarche, Châtillon-sur-Saône, ou Conflans-en-Bassigni, était attaquée, lorsque le prince, étant en guerre, se mettait en campagne, chaque bourgeois devait l'accompagner en armes et approvisionné de vivres pour deux jours; à commencer du troisième, le duc les nourrissait lui-même à chaque chevauchée. Tout bourgeois admis à résider à Bourmont devait contribuer en personne à la défense de la ville; ceux qui avaient assez de fortune pouvaient avoir un roncin et être armés de fer : ce privilége peut paraître obscur ou même ridicule à bien des gens; mais il faut savoir que dans ces tems où la chevalerie était en honneur, il n'y avait que les chevaliers qui pussent tenir de grands chevaux, sous le nom de palefrois et de destriers; eux seuls pouvaient s'armer de fer de pied en cap. Il était permis aux écuyers de monter des roncins, mais ils ne portaient que des jacque-mailles ou cotte-mailles. Le surplus du peuple ne pouvait monter que des jumens et devait être affublé d'une espèce de blaude ou roulière.

Les bourgeois de Bourmont avaient pour juges ordinaires le maïeur (le maire) et les échevins dont son conseil était formé; les uns et les autres étaient choisis par le corps de la bourgeoisie, à laquelle ils étaient obligés de prêter serment. Le maïeur et ses adjoints jugeaient en dernier ressort, excepté dans certains cas particuliers : le premier, quand l'affaire en litige devait, faute de preuves, se décider par un duel ou combat; dans ce cas, il appartenait au prince de juger définitivement si le duel aurait lieu et de quelle manière il se ferait; les deux autres cas où le maire et les échevins n'étaient pas compétens, et qui étaient réservés au prince, étaient les cas de meurtre et de larcin. Celui qui était trouvé, de jour ou de nuit, dans un jardin, dans un meix, dans une vigne, était puni d'une amende de cinq sous, outre le dommage qu'il était obligé de restituer, et s'il n'était pas en état de payer on avait le droit de lui couper une oreille. Lorsqu'une affaire intentée ne pouvait se terminer que par un duel, faute de preuves testimoniales, et qu'une des parties mettait, pour combattre à sa place, un champion à gages, c'est-à-dire un de ces batailleurs de profession qui, dans ces tems-là, se vendaient pour vider les procès, si ce batailleur était vaincu, il était en outre condamné à perdre un pied ou un poing. Cette jurisprudence criminelle surprendra sans doute; mais dans ces tems reculés l'ignorance était si grande et la barbarie si enracinée dans les usages, qu'on se persuadait que Dieu ferait infailliblement pencher la balance en faveur de celui qui avait droit.

Le bourgeois qui, voulant quitter la ville, avait l'intention de vendre sa maison, ne pouvait la céder qu'à un autre habitant. Si, ayant une maison et un bien, un bourgeois quittait la ville sans avoir pris la précaution de vendre l'un et l'autre ou de les donner à ses enfans, la maison et le bien étaient confisqués au profit du prince.

Le bourgeois qui était convaincu de vendre à faux poids et à fausse mesure était puni d'une amende de vingt-cinq sous, et, à défaut de paiement, on pouvait lui faire couper le poing.

Si quelque bête appartenant à un bourgeois était surprise en *mésus*, ce qui, dans ces tems, s'appelait *pargée*, outre le dommage que le propriétaire de l'animal était tenu de payer, il fallait encore donner un denier si la bête reprise était une brebis, deux deniers pour un cochon et autant pour une oie.

La jeunesse de Bourmont avait le droit de se transporter à Soulaucourt le jour de la nativité de la Vierge, le 8 septembre, de couper deux raisins dans les vignes de cette commune dans le ban d'Auffrécourt, de chasser toute la journée depuis Bourmont jusqu'à Soulaucourt, de pêcher dans la rivière de Mouzon sur le territoire de cette paroisse, et de recevoir ce jour-là le pain et le vin du maïeur. Je ne sais pas à quelle époque ce droit a commencé, mais, de mon tems, j'ai vu les garçons de la ville l'exercer sans que les habitans de Soulaucourt le leur aient jamais contesté.

Les armes de Bourmont sont un écusson coupé d'azur

à la montagne d'or, surmontée d'un alérion d'argent, côtoyé d'un soleil d'or à dextre et d'une lame d'argent à sénestre, et d'argent à deux barbeaux adossés d'azur, accompagnés d'une croix recroisettée, au pied fiché de même.

La maison de Bourmont portait d'or à une tête arrachée de lion de gueule, lampassée de même, dentelée, allumée et couronnée d'argent.

Il existait à Bourmont quatre fontaines publiques : la première était au Verpot ; la seconde devant la maison habitée aujourd'hui par M. Bouchard ; la troisième au faubourg Notre-Dame ; ses eaux alimentent à présent la fontaine établie sur la Grande-Loge ; la quatrième au faubourg Saint-Nicolas, au dessous de la grande tour. Il serait très difficile de désigner aujourd'hui quel était son emplacement.

Il y avait plusieurs chemins appartenant à la ville.

Le chemin de la *Ferrée* ; un sentier au Champ-Charriot ; un chemin qui allait de Bourmont à Saint-Thiébaut, sa direction était derrière les maisons du faubourg de France, à gauche, en descendant ; le chemin de la Ferrée à La Mothe jusqu'au pont de bois ; depuis ce point, était un chemin jusqu'au bois de Graffigny ; un autre depuis la porte Notre-Dame jusqu'au bois de Graffigny ; un autre allant de Bourmont à Gonnaincourt ; un chemin depuis le pont de la Meuse jusqu'à celui qui joint le chemin de La Mothe, en passant auprès du moulin de Pernot ; un chemin qui va du pâquis au Neuilloncourt ; un autre qui, de La Mothe, allait à Chaumont-en-Bassigni, en passant sur le territoire de Bourmont : il commençait sur le finage de la ville à la Vieille-Voie, passait au dessus du moulin de Pernot et gagnait la rivière ; il s'appellait la *Haie de Chorre-Rup*, parce qu'il conduisait de La Mothe à Chorre-Rup, abbaye de Bénédictines anciennement ; un chemin, chaussée très ancienne, qui prend à côté et au dessus du pont de Saint-Thiébaut et va jusqu'au bas du bois de Bourmont en finissant à l'endroit appelé *Labonne de la Vallée*.

Comme Bourmont était chef-lieu du Bassigni non mouvant, les procédures criminelles s'instruisaient à Bourmont et les exécutions des condamnés se faisaient dans cette ville. Le lieu de l'exécution était un tertre appelé le *Moutrignot*, sur la somnité duquel sont bâties les maisons de MM. Fevrel, Laurent et Desloges. Les fourches patibulaires, la justice de Bourmont, occupaient l'emplacement à côté du point de Saint-Thiébaut, au dessus de la vigne du sieur Page, à l'endroit nommé la *Roche-Bricard*.

Dès l'année 1292, il se tenait à Bourmont un marché franc, le mardi de chaque semaine : il parait que cet établissement fut discontinué jusqu'en 1444. Ce marché jouissait d'une franchise qui commençait le dimanche précédent et finisait le mardi à midi : pendant le cours de cette franchise, le sénéchal ne pouvait faire arrêter aucun individu à Bourmont.

Les foires de Bourmont furent établies en l'année 1465.

Le bailliage et la sénéchaussée du Bassigni eurent leur siége constamment à Bourmont jusqu'à ce qu'un bailli, Jean de Seraucourt, seigneur de Romain-sur-Meuse, mît en tête aux chanoines et habitans de La Mothe de tâcher d'attirer dans leur ville les juridictions du Bassigni. Ceux-ci s'adressèrent au duc René, qui accueillit leur demande, et les juridictions de Bourmont furent transférées à La Mothe; mais les bourgeois de Bourmont réclamèrent auprès du duc, qui, voulant favoriser La Mothe en même tems qu'il ne voulait pas ruiner Bourmont, statua que les plaids se tiendraient alternativement dans ces deux villes. En conséquence de cette disposition, le bailli, qui avait pris sa résidence à La Mothe, se rendait à Bourmont tous les quinze jours, faisait annoncer son arrivée à son de trompe, et tenait ses assises les mardi jusqu'à midi.

Le bailli du Bassigni continua à résider ainsi à La Mothe jusqu'à M. Thalanges, Daniel de Gournay, lequel était déjà revêtu de cette magistrature en l'année 1597. Il quitta son domicile de La Mothe et vint se fixer à Bourmont pour les raisons que je vais raconter.

Les attributions de pouvoirs étaient distinctes entre le gouverneur de La Mothe et le bailli du Bassigny. Le gouverneur connaissait des causes militaires et de tout ce qui concernait la forteresse; le bailli avait sous sa juridiction immédiate la bourgeoisie et les affaires civiles; mais il était difficile qu'il ne se rencontrât pas quelque point de

contact dans l'exercice journalier de ces deux fonctions.
Cet inconvénient ne manqua pas d'arriver. En l'année
1598, la dignité de gouverneur était possédée par M. de
Seraucourt, et celle de bailli était donnée à M. de Thalanges. La mésintelligence s'étant élevée entre ces deux
grands dignitaires, M. de Thalanges, afin de n'être pas
continuellement en butte au caprice du gouverneur, qui ne
ménageait guère la bourgeoisie, dont les priviléges étaient
sous la surveillance immédiate du bailli, vint se fixer à
Bourmont; mais cette démarche, dictée par la prudence,
ne remédia à rien; les brouilleries continuèrent. Le sieur
de Seraucourt, militaire de profession, résolut de vider
par un duel les altercations survenues entre lui et le bailli.
Il se transporta à Bourmont, et, tout bouillant d'impa-
tience, il alla sur le champ trouver M. de Thalanges, qui
alors était malade de la fièvre et qui, à ce moment même,
assistait à la messe dans l'église de Saint-Florentin. Ce
fut là où le cartel fut arrêté. Les deux champions se ren-
dirent sur le Cóna, auprès des ruines de l'ancien château.
M. de Thalanges, parent de M. de Seraucourt, arrivé
au rendez-vous, adressa à son adversaire ces paroles :
« Vous profitez, mon cousin, d'une circonstance étrange,
où vous savez que je suis travaillé par la fièvre, pour me
forcer à un combat singulier; mais n'importe, je ne veux
pas être un lâche, je vais me battre tout affaibli que je
suis par le mal. »

M. de Thalanges avait une épée fort courte et M. de Sçraucourt était armé d'une durandale forte et très longue. Ce dernier, voyant l'inégalité des deux épées, dit à son cousin : « Vous êtes libre de faire apporter une épée de plus grande dimension. » Non , non , répondit le bailli. En même tems le combat commença. M. de Thalanges le soutint d'abord avec courage ; mais bientôt, manquant de force et ayant le désavantage d'une arme inégale, il reçut au bas ventre un coup d'épée qui lui donna la mort. Ce duel fit du bruit dans le pays; les circonstances de ce combat excitèrent l'indignation générale : c'étaient les deux dignitaires les plus élevés de la contrée , deux cousins : c'était aux pieds des autels que la provocation avait été faite ; le combat était inégal par la maladie d'un des champions ; il avait lieu contre un spadassin animé de ressentiment , et était soutenu avec une épée courte contre une arme plus longue. Le prince, par considération pour la famille de M. de Seraucourt, lui accorda la grâce de la vie, en lui ôtant sa dignité ; mais étant allé à Rome afin de se faire absoudre d'un duel si injuste, il revint à Romain-sur-Meuse où il languit le reste de ses jours.

CHARTE

OCTROYÉE, EN L'AN 1248, A LA VILLE
DE BOURMONT,

Par THIÉBAUT, comte de Bar.

JE THIÉBAUT, Cuens de Bar, fais sçavoir à tous, que je ai mis mon Chatel et ma Ville de Bourmont à franchisse, en telle manière que chacuns qui maines en la Ville, et qui vienra por manoir, doit rendre à mon Ménestrel cinq sols d'entrée, et chacun an cinq sols d'eschets, à Pasques la moitié, et à la St. Remy l'autre, et qui ne payeroit cet eschet dedans lesdits termes devant dits, ils rendront autant d'Amande ; pleine Amande doit douze deniers ; cops donnés sas sang, doit cinq sols ; cops à il a sang, quinze sols ; pleine pargé doit quatre deniers, et doit rendre le dommage à ceux il l'aura fait ; li Brebis doit un denier, le Porc deux deniers, li Oyes deux deniers et lo dommage rendre.

S'aucuns est trouvé de nuit, ó de jor en dommage d'autruy, en Jardins, en Preys, en Champs, en Meix, en Vignes, il doit cinq sols et lo dommage rendre, ò il perdra l'oreille ; li Commis de la Ville eslira le Mair et les Eschevins, et quant ils seront eslits, ils seront francs au Signor et aux Borjois. Tant que li plaid sera plains, il sera davant le Mair et les Eschevins; et si Bataille y est jugée, elle sera déduitte davant le Signor, ò davant le Sénéchaul, et s'ils sont armés et concordés et vint sans coup férir, chascun d'eux doit huit sols et six deniers; et si les cops donnés et concordés, et vint sans Bataille entr'eux, chascun doit quinze sols; le vincu en bataille cinq sols, et le dommage rendre; li champion lors vincu perdra le pied ou le poing. Li mulete et le larrancin demourant en la main du Signor : si aucuns delment les Fosseys de la Ville, il doit vingt et cinq sols.

Si aucuns Borjois se volait partir de la Ville, il porra vendre la sienne chosse sans contredit à homme manant en la ville.

Ors ce que s'il vend sa maison, et il en va, il doit de chacun vingt sols douze deniers, et s'il la vend, et il ne va, il ne doit rien, et s'il l'avait donné à son fils ou à sa fille, li reménante serait même.

Fausse mesure doit vingt cinq sols ou le poing.

Totes ces rentes et ces amandes seront aproventées fort; li Borjois de la Ville doivent aller aux cris et aux chevauchées de mes quatre Châteaux, et des Chatellenies que j'ai en Bassigni et en Borgogne, et que je y envorois, si je les y asquettois à la renquette de mon Sénéchaul, ou de celui qui y sera par moi et aux miens, et qui ni iroit, et il n'y pooit mettre leur bessogne, il pauroit dix sols, et ce ne les semouvant, là où mes cors seuroit en cette Terre du Bassigny, y doivent venir deux jors.... Si donque senront aux miens, et s'il poroit avoir, et tenir roncins et armures de fer por sa garde et surement, le Mair et li Eschevins, et il les doit avoir, et seront quittes des cinq sols d'échets; et si j'avois, ou asquettois Molin en Banc, li Borjois dovroient moure à mon Molin, et s'aucuns cas advenoit en la Ville, ou en Banc qui ne puet être trouvé en cette Chartre, on se tinroit à l'us et au droit de Viterry.

Ors de ces chosses avant dites, les Borjois sont quittes de totes tailles, de totes prises, de totes creuvances; fors que du cens s'ils le doivent; on ne peut rentenir en cette franchise, nul de mes hommes ne des hommes à mes hommes, si je ne volais; qui vodra être de la franchisse, il li convient demorer en Châtel, ou en la Ville; et cette franchisse je ai créance à tenir par mon serment, et le doivent tenir sil qui après moi vinront; en tesmoignage de cette chosse, j'ai fait mettre mon Scel en ces Lettres qui furent faites en l'an que le milliaire coroit por mille deux cens quarante-huit ans, au mois de Septembre, scélé d'un scel bien ancien, pendant avec un cordon de Soye : ledit Scel représentant en grand les armes de Bar d'un cotté, les mêmes armes en petit de l'autre, avec une Inscription Gothique autour des Ecussons.

Pour copie collationnée à l'Original de la Chartre cy-devant transcrite, lequel Original est en parchemin sain

et entier, par moi Secrétaire à l'Hôtel de Ville de Bourmont, soussigné ce 19 Mars 1754.

Dehau, secrétaire.

NOTES EXTRAITES

de l'Histoire de la Lorraine, par dom Calmet.

—

Le château et la ville de Bourmont étaient ceints d'un
mur épais de six pieds en certains endroits et de huit pieds
en d'autres, flanqués de quarante-deux tours plus élevées
que le mur de deux toises et demie et distantes l'une de
l'autre de vingt toises ; le mur était défendu par un fossé
large et profond creusé dans le roc. Outre le fossé de la
ville, il y en avait un second d'une profondeur prodigieuse, qui entourait le château. Il ne reste aujourd'hui
qu'une petite partie des tours et du château et quelques
pans de murailles.

Il y a quelque tems qu'on trouva dans les débris du
château des étuves où il y avait deux bassins faits en rond
et en forme de cul de lampe, pavés de petits carreaux
semblables à des dés à jouer et d'une dureté pareille à
celle du marbre. L'eau y descendait d'une montagne voi-
sine par des canaux de pierres de taille d'une grosseur
prodigieuse. A l'extrémité d'une colonne renversée, on
trouva une petite statue de bronze qui représentait un

empereur; on y trouva aussi deux grands plats d'étain, de trois ou quatre pieds de diamètre, dont on fit présent à Madame Royale.

L'ancienne levée des Romains, qui va de Langres à Toul, est encore sensible auprès de Bourmont. Un peu au dessus de cette ville on voit le village nommé *Romain-sur-Meuse*, anciennement *statio Romanorum ad Mosam*. Il y a encore, à deux lieues de Bourmont, un village du nom de *Romain-aux-Bois*, autrefois *statio Romanorum ad nemora*.

Le doyenné ecclésiastique de Bourmont est composé de trente paroisses, neuf annexes, un chapitre, trois prieurés, une commanderie, dix chapelles, un hôpital, deux maisons religieuses et neuf ermitages ou oratoires. Les prieurés sont *Saint-Thiébaut* sous Bourmont, *Haréville* et le *Bourg-Sainte-Marie*, tous trois de l'ordre de Saint-Benoît. Saint-Thiébaut est en règle; le Bourg-Sainte-Marie est en commande; Haréville est aussi en règle.

PRIEURÉ DE SAINT-THIÉBAUT.

Saint-Thiébaut, petit bourg sur la Meuse, au bas de Bourmont, fut fondé avant l'an 1125, puisqu'en cette année Ricuin, évêque de Toul, confirma la fondation du monastère qui y était établi, et qui appartenait aux religieuses de Saint-Jean, de Laon, comme dames de Bourmont et de son territoire.

Ces religieuses, ayant élevé quelques difficultés au sujet

de cette fondation contre Lanzon, abbé de Saint-Mihiel, les parties s'en rapportèrent à Ricuin, évêque de Toul, qui les mit d'accord en assignant aux dames de Saint-Jean, de Laon, un cens de deux sous toulois, que les religieux de Saint-Thiébaut-sous-Bourmont devaient payer annuellement, le jour de Saint-Jean-Baptiste, à l'abbaye de Saint-Jean, de Laon, occupée, au moment où j'écris, par les Bénédictins de la congrégation de Saint-Maur.

Il paraît, par le titre de l'évêque Ricuin, que Bourmont, ou comme il l'appelle *Bolmont*, était alors possédé en fief par Hugues, fils de Hugues, comte de Champagne, qui le tenait de ses ancêtres; ce qui fait supposer que cette terre venait aux dames de Saint-Jean, de Laon, par succession de sainte Salaberge, leur fondatrice, sœur de Bodon Leudin, évêque de Toul, qui tous deux étaient natifs des environs de Neufchâteau, où ils avaient une partie de leurs biens paternels.

La tour ou le donjon de Bourmont fut dans la suite possédée par le duc Ferry IV, de Lorraine, qui la donna en fief à Edouard, comte de Bar, en 1322, avec les autres fiefs que Pierre de Bar, oncle d'Edouard, tenait du même duc, entre la Meuse et la Moselle.

En 1236, le pape Grégoire IX, confirmant les donations faites à l'abbaye de Sainte-Houd par le comte de Bar, qui l'avait fondée, fait mention expresse de la grange de Saint-Pierre-de-Lemmont, qu'il tenait de la libéralité de Pierre de Bourmont, gentilhomme *(miles)*.

PRIEURÉ D'HARÉVILLE.

Le prieuré d'Haréville est situé dans le village de ce nom, à trois lieues de Neufchâteau, au diocèse de Toul, sur la Meuse. Il fut fondé sous Nanterre, abbé de Saint-Mihiel, vers l'an 1032; il est aujourd'hui en règle, mais il n'y demeure aucun religieux.

L'abbé de Saint-Mihiel en est collateur.

Le prieuré d'Haréville est réuni par bulles apostoliques du 25 août 1749 à l'abbaye de Saint-Mihiel, et son revenu doit être partagé : les deux tiers à la mense abbatiale, et l'autre tiers à la mense conventuelle de ladite abbaye.

Le corps de saint Caliste, pape et martyr, que l'abbé Nanterre avait apporté de Rome, y fut déposé et y repose encore aujourd'hui. Le duc René II obtint que la meilleure partie du revenu du prieuré fut unie à la collégiale de La Mothe, aujourd'hui transférée à Bourmont.

Il est fait mention d'Haréville dans un titre de l'an 904, avant sa fondation qui eut lieu sous l'abbé Nanterre, et ensuite dans un titre de 1106, qui est une confirmation des biens de l'abbaye de Saint-Mihiel par le pape Pascal II.

PRIEURÉ DE SAINTE-MARIE.

Je n'ai pu découvrir ni quand, ni par qui il a été fondé. Le Pouillé de Toul, du R. P. Benoît, met le Bourg-Sainte-

Marie dans le doyenné de Bourmont, et dit que ce lieu est annexe de Romain, que le prieur est seigneur du lieu, et que le prieuré, qui est en commande, vaut 1,200 livres.

BRAINVILLE.

Brainville est un petit village qui dépend de l'office, recette, sénéchaussée de Bourmont, au bas duquel il est situé. La paroisse a pour patron saint Loup, évêque de Troyes. M. de Lisle en est seul seigneur haut-justicier, moyen et bas; il est en outre seigneur du fief situé dans le même lieu, nommé la *Maison-Forte*, qui en est le château, et où il y a une chapelle castrale du titre de Saint-Joseph, dont ledit M. de Lisle est patron comme ayant été fondée par son aïeul. Sa famille a été ennoblie en 1572.

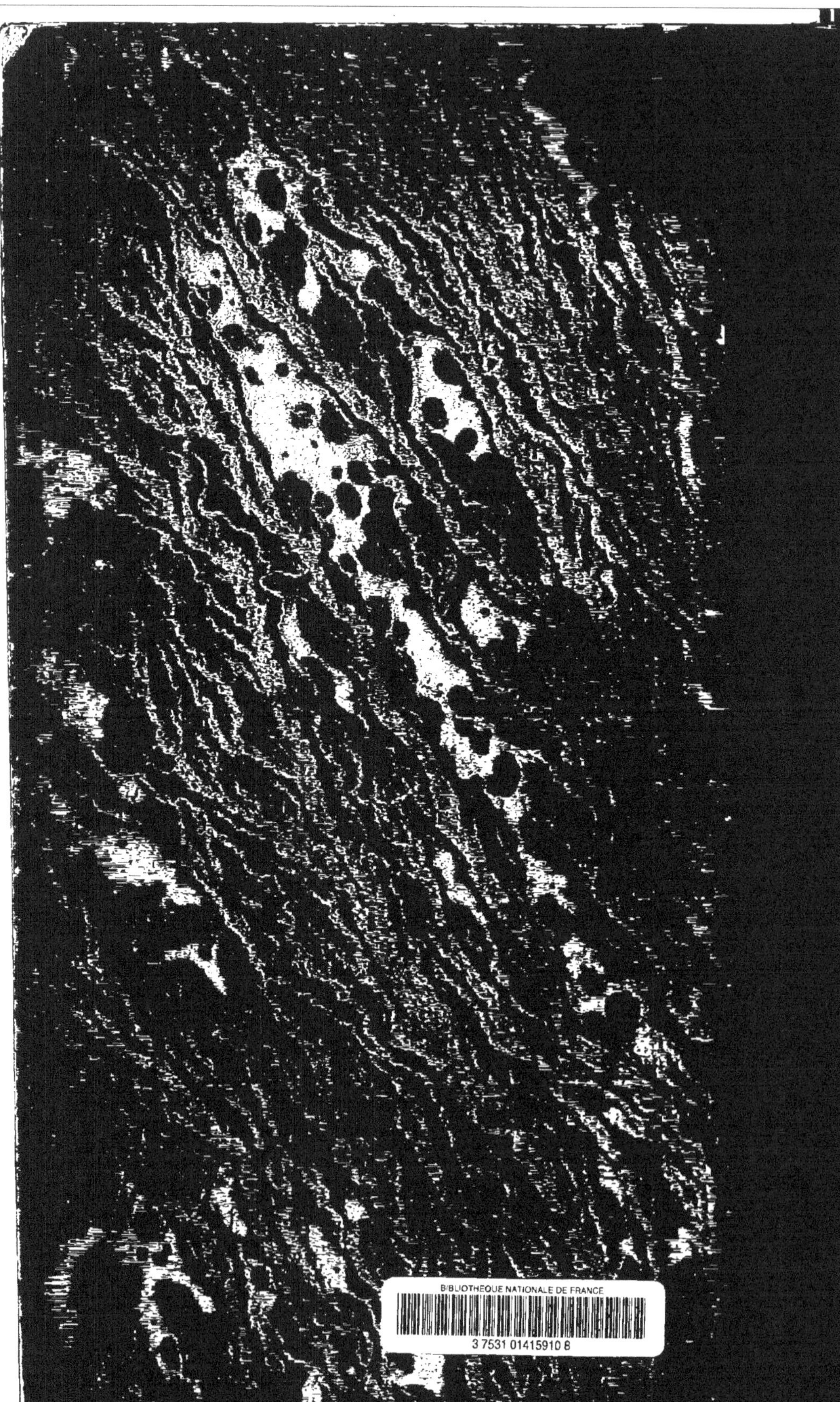

BIBLIOTHEQUE NATIONALE DE FRANCE
3 7531 01415910 8